www.tredition.de

AF185266

Christin Spalek

Lustige Reisegedicht-geschichten

www.tredition.de

Verlag und Druck: tredition GmbH, Hamburg

ISBN
Paperback: 978-3-7482-4098-3
Hardcover: 978-3-7482-4099-0
e-Book: 978-3-7482-4100-3

Christin Spalek ist 22 Jahre alt und lebt in der Nähe von Leipzig.
Neben Pädagogik und Musik ist das Schreiben eine ihrer
größten Leidenschaften.

Inhaltsverzeichnis

Sprüchlein für den Anfang

Es schaute mal jemand über seinen Tellerrand,
kaum zu glauben, welch besondere Welten er fand!

Lasst uns das doch auch so machen
und nicht vergessen recht oft zu lachen!

Viel Spaß mit 10 Gedichtgeschichten von Christin Spalek,
untermalt mit eigenen Aquarellen!

Ein Überfall im Städtchen X

Es war einmal ein Millionär,
der freute sich seines Geldes sehr.
Er schlief stets lang, schuftete nie,
wie seine Frau, die Ros-Marie.

Dann eines Tags entschied er sich:
"Wir machen Urlaub!" -Warum nicht? -
"Wir fahren in das Städtchen X.
Der Flug dort hin, der kost´ fast nix.
Und schön soll´s sein im >Haus am See<.
Schnell lass uns packen, meine Fee!"

Gesagt, getan, los ging die Reise.
Es war ein Trip zum besten Preise,
denn eins verstand der Millionär:
Zu sparen und zwar immer mehr.
Durch dies´ Geschick im Umgang mit Geld,
war er zum Reichtum gekommen, Ros-Maries Held.

Nun hatten sie denn eingecheckt,
den Tagesplan schon ausgeheckt
und lagen träge dort im Sand
an einem hübschen Badestrand.

Alsbald bekam die Dame Durst
und Appetit auf Rostbratwurst.
Der Gatte? Nein, der wollt´ nicht mit.
"Nein Schatz, ich geh jetzt keinen Schritt."

Sie stand auf von ihrer Decke
und ging zum Kiosk um die Ecke.

Nur, die Verbrecher, die dort stehen,
hatten Ros-Mariechen längst gesehen.
Die zwei hatten sie ausgewählt,
gedanklich schon das Geld gezählt
und setzten an zu ihrer Tat
- der eine, wie der andre strahlt.

Gauner1 zu Gauner2:
"Schaff schnell das Fluchtauto herbei."
"Das ist doch erledigt schon."
Er winkte mit seinem Telefon.
"Ich hab ´nen dritten Mann bestellt,
der vorne an der Ecke hält.
Zu dritt geht´s gut - mit etwas Glück
schaffen wir´s mit einem Trick."

Nun gingen die beiden bösen Filou
aufs nichts ahnende Mariechen zu.
Der eine schubste sie heimlich an,
da fiel sie gegen den andren Mann.
"Gnädige Dame", sagte der eine.
"Wissen sie, es hat den Scheine,
dass ihnen schwindlig geworden sei."
"Ach nein, das geht wieder vorbei."
"Ich will Ihnen den Hinweis geben,
das nicht auf die leichte Schulter zu nehmen.
Möglicherweise ein Sonnenstich
- nicht ungewöhnlich bei ihrem Übergewicht."

Der zweite Dieb sprang schnell herbei.
"Machen sie doch ihre Achsel frei.
Auch mir ist das alles nicht einerlei,
doch ich habe ein Fiebermessgerät dabei."

Er schob ihr das Gerät unter den Arm,

natürlich war sie kein bisschen warm.
Aber ohne, dass Mariechen es sieht, oh Graus,
tauschten die Gauner die Thermometer aus."

"Himmel! Sie haben 45 Grad Fieber,
meine Dame, mir wäre es wirklich lieber,
wenn sie schnell jetzt mit uns kämen.
Wir werden sie im Krankenhaus abgeben."

Mariechen wusste darauf nichts zu sagen,
so überrumpelt von den beiden menschlichen Plagen.
Und so ließ sie sich mit ihnen ziehn,
machte keine Anstalten zu fliehen.

Doch als sie vorne angekommen,
war Ros-Marie nur noch halb benommen.
Schließlich wagte sie doch zu fragen:
"Was ist das für ein Kastenwagen?"
Das Auto stand neben dem Beet,
recht miserabel angesprayt war die Nummer 112,
doch da war´s mit Mariechens Chance vorbei.
Man schob sie einfach in den Wagen.
Sie konnte nichts mehr dazu sagen.

Mariechen wurde weggebracht
und es wurde langsam Nacht.
Jetzt stand der Millionär auch auf.
Er wollte jetzt ins Zimmer rauf.
Erst im Aufzug merkte er:
Der Platz neben ihm war leer.
Gellend schrie er auf:
"Oh Schreck! Meine Ehefrau ist weg."

Schnell war er dann losgerannt
zu dem Kiosk dort am Strand.

Kaum war der Millionär dort unten,
sprach er: "Ich wär Ihnen sehr verbunden,
wenn Sie mir, gute Frau, verraten:
Haben sie heut´ auch für meine Frau gebraten?"

Darauf ward Mariechen vom Ehemann gut beschrieben,
doch bei der Kiosk-Frau war nichts hängen geblieben.
Wie denn auch? Das kann man verstehen,
hatte sie seine Gattin doch nie gesehen.

Doch einen Rat konnte sie ihm geben:
"Wenn es geht um Tod oder Leben,
dann löst nur einer diesen Fall:
Der Kommissar Herr Widerhall."

Nachdem die Polizei gerufen,
fing man ernsthaft an zu suchen.
Auch ein Lösegeldverlangen
war inzwischen eingegangen.

Man durchkämmte die Stadt von vorn bis hinten
- die Täter waren nicht zu finden.
Herr Widerhall knickte nun ein
und sagte: "Mein Herr, es hat den Schein
uns wird nichts andres übrig bleiben,
als die Kohle aufzutreiben."

Dem Millionär wurde empfohlen,
das Geld doch von der Bank zu holen,
denn sein Gewand ließ darauf schließen,
dass die Eheleute Wohlstand genießen.

Schweren Herzens zog er los zur Bank,
der Gedanke machte ihn ganz krank.
Schweren Herzens kam er zurück mit dem Gelde,
was er dann der Polizei zur Verfügung stellte.

Der Kommissar versicherte zum Glück:
"Sie bekommen ihr Geld auch wieder zurück."

Direkt nach der Übergabe
verfolgte man die Täter und überprüfte die Lage.
Immerhin ein Gutes kann man nennen:
Der Kommissar konnte die beiden erkennen.
Sie wurden nicht nur im Städtchen X gesehen,
sondern waren schon in London, Paris, Rom und Athen
und überall hatten sie heimlich bei Nacht
die Leute um ihr Geld gebracht.

Nun, so war es auch in diesem Fall.
Zwar verfolgte der Kommissar Widerhall
die beiden Gauner bis raus aus der Stadt,
doch, was keiner vermutet hat:
Eine Schafherde stand auf der Straße und plärrte,
wobei sie ihm den Weg versperrte.

Das Geld war weg, der Millionär traurig wie noch nie,
aber immerhin hatte er seine Ros-Marie.
Nun sagte er ihr voller Pein:
"So komm, meine Gattin, wir fliegen heim."
Der Kommissar hielt ihn auf: "Sie wollen doch nicht weichen,
ohne vorher Ihre Rechnung zu begleichen.
Einen Anteil an diesem Verfahren
müssen sie selbst doch mitbezahlen."

So sehen Sie in dieser Welt
geht es so oft nur ums Geld.
Das ist nicht nur hier der Fall,
nein, das gibt es überall.

Ein Tag in Prag

Benno und Benette sind ein ungleiches Paar.
Sie macht gern Urlaub einmal im Jahr,
am liebsten auf Mallorca oder Sansibar.

Benno ist einer, der es anders mag,
Er ging zu seiner Frau: "Du Schatz, ich sag
warum fahren wir nicht mal für einen Tag nach Prag?"

Begeistert war sie wahrlich nicht,
doch als Ehefrau sah sie sich in der Pflicht,
auch für den Gatten mal etwas zu tun.
So beschlossen beide zu packen, statt länger zu ruhn.

Es waren noch keine zwei Stunden vergangen,
als sie mit dem Auto schon über die Grenze vordrangen.
Benno steuerte den Wagen mit Geschick
und verkündete zufrieden: Nun sind wir in der Tschechischen
Republik!

Kurz darauf geriet man in eine Verkehrskontrolle,
Benno war deswegen ganz von der Rolle
und hatte sich gleich mit seiner Benette in der Wolle!

Die Frau prophezeite: "Sicherlich warst du zu schnell!"
Er stritt ab: "Ich hätt' das bemerkt, das Licht von Blitzern ist
grell!"
"Aber die Sonne scheint so hell, da übersieht man das
schnell!"

Die Polizei konnte das Pärchen schnell belehren
und über einen anderen Aspekt aufklären.
Während Benno noch über sein Auto prahlt,
fragt der Wachmann: "Haben Sie nicht die Maut bezahlt?"

Benno ganz ertappt: "Was für eine Maut?"
Benette: "Da hast du wohl Mist gebaut!"
Die Strafe war hoch und die Stimmung, die sank.
Benno stellte fest: "Vor dem Essen müssen wir noch zur
Bank!"

Endlich am Hotel angekommen
war Benno von der Fahrt noch benommen.
Die Einfahrt zur Garage war sehr eng,
man hörte ein Knarren, dann ein "PENG".

Benette war bereits ausgestiegen,
darauf fixiert, bald etwas zu essen zu kriegen.
Bedacht auf einen restlichen Tag in Frieden
ließ ihr Mann die Sache noch im Verborgenen liegen.

So verließen sie die Garage in Eile.
Das Warten an der Rezeption dauerte eine Weile.
Benette spielte mit ihrer Nagelfeile.

Noch einmal kurz erfrischen vor dem Ausflug in die Stadt!
Doch das wird schwer, wenn der Wasserhahn kein Wasser
hat!
Der Hausmeister wird die Technik warten,
Benno und Benette ihre Tour gleich starten.

Der Gatte hatte schon vorgesorgt
und einen Stadtplan schnell besorgt.
So können sie den Tag sich organisieren
und schleunigst in Richtung Burg marschieren.

Benno beschließt gleich danach heiter:
"Gehen wir doch noch ein Stückchen weiter!
Denn da oben zwischen den Bäumen
steht ein Eiffelturm, die Aussicht ist zum Träumen!"

Der Weg ist steil, der Aufstieg beschwerlich.
Benette erklärt: "Mann, ich sage dir ehrlich:
Wollt ich den Eifelturm sehn, ungelogen,
dann wäre ich nach Paris geflogen!"

Schließlich am Ziel angekommen
hat die schlechte Stimmung noch immer nicht abgenommen.
Denn ein neuer Mangel ist Benette in den Sinn
geschwommen.

"Dieses Türmchen ist recht klein!
Der in Paris soll viel größer sein!"
Doch beide bemerken wie im Flug:
Angesichts der Stufen ist auch diese Höhe genug.

Über die Aussicht kann man sich nicht beschweren,
da lässt selbst Benette sich belehren.
Die Moldau glitzert, darauf viele Schiffe und Fähren.

Auf dem Weg zurück in die Stadt,
die größte Faszination die Karlsbrücke hat.
Mit ihren vielen Skulpturen
hinterlässt sie im Gedächtnis lange Spuren.

Schöner wäre es sicherlich,
hätte man darauf mehr Platz für sich!
Auf der Brücke tummeln sich die Massen
und jeder sucht einen Weg, um da durch zu passen.

Wie schnell es da geschieht,
dass im Gedränge etwas verloren geht.
Benette an der Mauer steht,
da, ein Stoß und den Sonnenhut im Fluss unten ihr seht!

Was weg ist ist weg, so ist es leider.
Benno kauft eine Schildmütze und sie ist wieder heiter.

Alles vergessen, so gehen sie weiter.

Die Karte wird das Paar zum Marktplatz weisen,
denn nach diesen langen Reisen
kann man sicher dort gut speisen.

An den Läden, die die engen Straßen säumen,
kommt Benette nun ins Träumen.
So schöne Schmuckstücke gibt es in den Gassen
und wo sie doch perfekt zu ihrem Lieblingskleid passen ...

Benno lässt sich nicht lumpen,
ihm gefällt er zwar nicht, der Klumpen,
doch da seine Benette Bernstein mag,
kauft er die Brosche, das vergoldet den Tag!

Und außerdem, das ist ja ungeheuer:
Er ist nicht einmal sicher, war das Stück billig oder teuer?
Denn sie waren zuvor Geld wechseln in einem alten Gemäuer.

Da man in Tschechien nicht mit Euro bezahlt, sondern mit
Kronen
kann sich das Geld Tauschen durchaus lohnen.
Doch man muss sich gewöhnen und ausprobieren,
nun mit hohen Summen zu hantieren.

Da nun langsam der Abend naht
fragt Benette: "Was hast du denn noch geplant?"
Benno verkündet mit Stolz und Freude:
"Ins Schwarzlichttheater gehen wir heute!"

Benette hat davon noch nichts gehört.
Deshalb meint sie ganz empört:
"Was ist denn das für ein Zinnober?
Wieso das und nicht die Oper?"

Der Gatte bleibt bei seiner Position,
denn dies ist eine Prager Tradition
und die Tickets hat er schon!

Er möchte das unbedingt noch sehen,
bevor sie morgen wieder nach Hause gehen.
In die Oper kann man doch immer mal gehen!
Benette kann das erstmal nicht verstehen.

Erstaunlich, was sich in ein paar Stunden zeigt!
Dieser Zauber aus Licht und Dunkelheit
hält eine Faszination bereit!

Bis spät in den Abend ist das Paar guter Stimmung.
Nur langsam kommen sie zur Besinnung.
Sie sollten nun schleunigst zurück ins Hotel.
Die Heimreise am nächsten Tag ist und der Morgen kommt
schnell!

Nach dem Verlassen des Zimmers in der Garage
zeigt sie sich nun, die große Blamage!
Benette will gerade das Auto beladen,
da sieht sie im Lack den beachtlichen Schaden.

"Herje, was ist denn hier passiert?!"
Benno, der sich verlegen den Nacken massiert,
erwidert: "Nun ja, die Einfahrt ist klein!
Da passt das Auto nur gerade so rein..."

Zum Schluss muss er doch eingestehen:
Den Pfeiler am Rand hatte er übersehen!
Das ist zwar grundsätzlich zu verstehen,
doch für Benette ein großes Problem.

Benno und Benette kämpfen sich durch den Verkehr.
Beide lieben das Auto sehr!

Benno versichert: "Zu Hause werd ich anrufen
und dann gleich morgen die Werkstatt aufsuchen!"

Dieses Ende ist zwar ärgerlich,
doch ein Beinbruch ist es trotzdem nicht.
Jedenfalls nicht aus Bennos Sicht,
denn er zahlt die Versicherung regelmäßig.

Das Paar meckert noch ein bisschen und klagt,
aber dann ist endlich alles gesagt!
Es endet die Lamentiererei
und der Urlaub ist vorbei.

Das Schweigen bricht Benette und sagt:
"Das war ein schöner Tag in Prag!
Ich geb zu, dass ich Prag gerne mag!"

Die Reise nach Berlin

Eine Reise nach Berlin
macht der Russe Rasputin.

Angekommen am Flughafen Schönefeld
geht er gleich zum Taxistand.
Ein Hotelzimmer hat er schon vorbestellt,
muss nur noch in die Innenstadt!

"Nun wird es nicht mehr lange dauern,
in ein paar Minuten bin ich am Ziel!"
Nach nun schon einer Stunde wird er langsam sauer,
denn der Stadtverkehr ist ihm zu viel!

"Gibt es denn keinen kürzeren Weg?"
fragt er schließlich den Chauffeur.
"Leider nicht! Solange ich auch überleg,
die vielen Baustellen machen es schwer!"

Der Mann am Steuer hebt optimistisch hervor:
"Doch so sehen sie gleich mal die Stadt!
Hier ist der Tiergarten, dort das Brandenburger Tor.
Man spart sich die Stadtrundfahrt, wenn man einen guten
Taxifahrer hat!"

Rasputin ist noch nicht ganz überzeugt.
Sicher: Der Blick aus dem Fenster ist nett!
Doch während er die Häuser und Straßen beäugt,
träumt er doch nur vom Hotel mit seinem bequemen Bett!

Endlich in der Lobby des Hotels,
eilt er hin zur Rezeption.
"Mit Ihrem Zimmer geht es ganz schnell!",
sagt die zuständige Dame auf Englisch nun.

"Zum Check-in vorbereitet ist das Zimmer hier,
so ist es bei uns Standard,
pünktlich nachmittags um vier.
Nehmen sie doch derweil Platz auf der Bank dort."

Rasputin, zu müde zum Widersprechen,
schleppt sich zu seinem Sitzplatz hin.
Zumut ist ihm nach dieser Tour zum Brechen.
Er bemitleidet sich selbst, klagt leis vor sich hin.

Den Start in den Urlaub hatte er doch schöner erwartet!
Er wird auf seiner Bank immer blasser.
Wenigstens den Barkeeper hat er nun geortet
und bestellt sich ein Glas Wasser.

Langsam aber sicher, die Zeit verging,
schließlich kommt der Page auf ihn zu.
Vor sich schiebt er so ein Gepäckschiebe - Ding,
verstaut des Touristen Koffer drauf im nu.

Nun kann der Russe Rasputin
endlich auf sein Zimmer ziehen.

Man vermisste ihn noch einige Stunden.
Erstmal schlafen, duschen und sich neu ankleiden!
Dann hat der Mann all den Stress überwunden
und beschließt sich am Anblick der Stadt zu weiden.

Rasputin verlässt sein Hotel
und überquert rasch die Straße.
Zum Alexanderplatz marschiert er schnell.
Der ist für ihn die reinste Oase.

Was er nicht alles zu bieten hat!
Den Fernsehturm sieht man sofort.
So ein Prachtstück im Herzen der Stadt
findet man nicht an jedem Ort.

Ja, der Russe Rasputin
will so gern Berlin von oben sehn!

Den Tisch hat er sich schon reserviert,
er hat keine Eile!
doch kaum hat er sich in der Eingangshalle orientiert,
durchschaute er: Der Vorgang hier dauert eine Weile.

Bevor man das Café auf der Spitze erreichen kann
ist noch einiges zu überwinden!
Ein paar Warteschlangen und Kontrollen kommen dran.
Erst danach darf Rasputin im Fahrstuhl verschwinden.

Die Aussicht oben entlohnt für die Müh´ allemal!
Er genießt sie bei einem Kaffee mit Sahne.
Ja, dieser Blick über Berlin ist genial.
Am Bundestag weht die deutsche Fahne.

Rasputin plant sich seine Tour.
Er bezahlt, wieder erwacht ist seine Kraft.
Denn Berlin sieht er doch nur,
wenn er sich endlich auf die Socken macht.

Am Gendarmenmarkt
macht er ein prächtiges Foto und geht weiter.
obwohl neben ihm ein Taxi parkt
bevorzugt er den Fußmarsch, bleibt nach wie vor heiter.

Am Potsdamer Platz ist er leicht irritiert.
er sucht die Berliner Mauer.
Die Leute beäugen ihn interessiert.
Langsam wird Rasputin sauer.

"Entschuldigen Sie", fragt ihn da ein Passant
"Versteh ich recht, dass Sie etwas suchen?
Sie stehen so ratlos am Straßenrand
und fluchen und fluchen und fluchen."

"Ich komme von weit her angereist
und such den Rest der Berliner Mauer.
Seh bunte Bruchstücke als Andenken ausgepreist,
doch ich sähe es lieber genauer."

Der Passant erklärt Rasputin rasant: "
diese Steine hier im Boden markieren, wo sie mal stand.
Doch die Geschichte der Mauer ist sehr interessant.
Besuchen sie ein Museum", rät er dem Russen galant.

Dennoch möchte Rasputin

jetzt noch nicht weiterziehn.

Der Tourist sucht sich ein ruhiges Plätzchen
dort auf dem Potsdamer Platz,
der mit seinen hübschen Gässchen
doch sehr viel zu bieten hat.

Er bummelt ein wenig im Shoppingcenter.
Kauft doch ein Bruchstück der Mauer als Souvenir.
Für´s nächste Jahr einen hübschen Kalender.
Solchen Krimskrams kaufen doch alle hier!

Es wird schon Abend, der Tag verging ja schnell!
Den Stress der Anreise spürt er in den Knochen.
Rasputin will nun zurück ins Hotel.
Nach hundert Metern wär´ er fast schon gekrochen.

Müde lehnt der Tourist an der Wand.
Die Beine sind ihm schwer wie Blei!
Da hält eine Rikscha am Straßenrand.
Der Fahrer ruft: "Sie sehn erschöpft aus! Ich wäre jetzt frei!"

Die Rikscha - welch ein schönes Gefährt!
in Berlin gehört sie zum Stadtbild dazu.
Der Fahrer auf einem Fahrrad fährt,
nur hat er hinter sich noch eine Sitzbank dazu.

Diese Sitzbank ist überdacht und bequem.
An ihren Seiten und der Lehne ist Werbung angebracht.
Für den Fahrer anstrengend, doch für den Kunden angenehm
und so wird man romantisch ans Ziel gebracht.

Rasputin geht auf sein Zimmer
der Rikscha-Fahrer fährt nun auch nach Haus.
Ins Fitnessstudio muss der nimmer,
er macht ja täglich Sport, fährt immer die Touristen aus.

Am nächsten Tag will Rasputin
nun einmal nach West Berlin.

Mit der U-Bahn kommt er schnell ans Ziel.

Die fährt alle paar Minuten.
Der Kurfürstendamm bietet wahrlich viel.
Zu kaufen gibt's alles, man muss nicht lange suchen.

Die Gedächtniskirche zwischen all den Restaurants und
Läden,
bietet einen Anblick, der ist wirklich imposant.
Ist eine Mischung aus der Kirche mit alten Schäden
und neuen Bausteinen am Rand.

Was gibt es noch zu sehen?
Den Zoo sowieso!
Rasputin kommen noch viele Ideen.
Am Abend besucht er noch eine Show.

In Berlin gibt es viele Theater.
Er kann sich kaum entscheiden.
Doch beim Kartenverkauf findet er einen guten Berater.
Der kann ihn beim Treffen seiner Wahl hilfreich begleiten.

Am Abend will er keine Fahrkarte kaufen,
gesessen hat er nun wahrlich lang.
Es tät ihm doch gut ein wenig zu laufen.
Außerdem wird ihm langsam um sein Konto bang.

Das Hotel, die Show - das ist alles grandios
und auch der Flug nach Berlin war einwandfrei.
Doch natürlich gibt es das alles nicht kostenlos.
Gerade kommt er am Tiergarten vorbei.

Das Theater befand sich in Westberlin,
da wo Rasputin heute Morgen schon war.
Immer weiter geradeaus führt der Weg ihn,
wann er endet ist noch nicht klar.

Am Zoo und an einigen Läden ging er vorbei.
Der Wind biegt die Kronen der Bäume mit Kraft.
Die Dunkelheit zwischen den Büschen ist ihm nicht ganz
einerlei.
Er bleibt auf dem rechten Fußweg bei der Botschaft.

Doch Botschaft kann man nicht sagen.
Die Mehrzahl des Wortes triffts eher!
Hier ist die Vertretung zahlloser Staaten
- Haus an Haus, immer mehr, immer mehr!

Rasputin betrachtet ihm Vorübergehen
mit Erstaunen die riesigen Zäune.
Auf den Villen sind die verschiedensten Flaggen zu sehen
Und gegenüber des Tiergartens Bäume.

Rasputin ist in Träume vertieft
als er das Ende der Straße erreicht.
Wie viele Länder auf der Welt es doch gibt!
Jedes so besonders und anders, wenn man sie nur mal
vergleicht.

Am Brandenburger Tor ist Rasputin nun wieder
seine Beine tun ihm weh, er will nicht mehr gehen.
Der Weg war weit, bestimmt 4 Kilometer.
Doch zum Glück sieht er am Pariser Platz eine Rikscha
stehen.

Es ist nun fast schon morgen zwar,
doch Rasputin ist wieder wach.
Zwischen Dom und Alex entdeckt er eine Bar.
Sie hat noch offen! Da wird er schwach!

Der Urlaub geht nun schon vorbei.
Auch Rasputins Börse wird langsam leer.
Sein Zimmer im Hotel wird wieder frei.
Doch nach Hause fahren fällt ihm schwer.

Denn der Russe Rasputin
ist schwer verliebt nun in Berlin.

Es nutzt nix, er nimmt im Taxi Platz,
heute ist wieder viel Verkehr.
In der Hand hält er einen kleinen Schatz.
Das Herauskommen aus der Stadt ist schwer.

Das Taxi quält sich von Ampel zu Ampel.
Rasputin betrachtet das Teil in seiner Hand.
Die Menschen drängen über die Straße mit großem
Getrampel.
Dies Teil ist das Stück der Berliner Mauer, die hier einmal
stand.

"Wie gern will ich viele Orte sehn!"
denkt Rasputin verwegen.
"Es gibt keine Mauer, die mir sagt >Bleib hier! Bleib stehn!<
Ich kann mich frei bewegen!"

Am Flughafen angekommen
storniert er seinen Flug.
Er hat genug Kleidung mitgenommen
und von Europa noch nicht genug!

Er will jetzt nicht nach Hause, nein!
Also worauf soll er warten?
Ruck zuck in ein anderes Flugzeug rein!
Er macht sich auf zu neuen Orten.

So macht der Russe Rasputin
einen Ausflug direkt nach Wien!

Und Rasputin ist völlig heiter!
Geld verdienen wird er weiter!
Vielleicht sogar als Reiseleiter

- oder Flugbegleiter!

Heringsdorf auf Usedom

Was man in einem Seebad
nicht alles für Möglichkeiten hat!

Gunter
ist immer schon bei Zeiten munter!

Seine Vorfahren fingen noch Fisch aus dem Meer.
Ihm ist diese Arbeit gar zu schwer.
Das Durchsetzen gegen die Industrie,
bei so großer Konkurrenz schafft man das nie!

So jedenfalls sind Gunters Gedanken.
So sprengt er als erster seiner Familie die Schranken.
Aber eine neue Arbeit fand er schnell!
Ist Kellner nun in einem noblen Hotel.

Frühmorgens erscheint er gebügelt und rasiert,
weil er dann für die Gäste das Frühstück serviert.
Manchmal noch fährt er mit seinem Boot hinaus
und macht sogar eine kleine Attraktion daraus!
Die Touristen steigen ein und packen ihre Kameras aus.

Frau Hausstaub
dagegen macht hier Urlaub!

Sie ist aus Bayern angereist.
Wissen Sie denn, was das heißt?
- Sie verbrachte einen halben Tag auf der Autobahn!
Nun sitzt sie am Strand, ihr Fuß vom Gas geben noch lahm!

Ihre kleine Tochter Nicoll
findet die Reise toll.
Im Auto lamentierte sie: "Wann sind wir endlich da?!"
Als sie das Meer erreichten hieß es nur noch: "Hurra!"

Frau Hausstaub sitzt im Strandkorb, völlig entspannt,
Ihre Tochter spielt derweil emsig im Sand.
Nach ungefähr einer Stunde

beschließt die Dame: "Wir gehen mal ´ne Runde!"

In Heringsdorf kann man prima bummeln.
Auf der Seebrücke schwirren die Menschen wie Hummeln
zwischen den Läden hin und her.
Hier gibt es auch vieles - Souvenirs aus dem Meer!

Muscheln, Bernstein und andre Andenken,
Schmuckstücke, Täschchen, schön zum Verschenken.
Auch Mode fehlt hier keineswegs.
Sie kauft wasserdichte Jacken für unterwegs.

Für das liebe Kindelein
soll es noch etwas Sandspielzeug sein.
Langsam bekommen sie Hunger auf Fisch.
Den gibt es hier reichlich, also schnell zu Tisch!

Lukas von der Ruhr
ist hier in Heringsdorf zur Kur!

In seiner Klinik bekommt er eine Therapie verordnet,
sein Tag verläuft dann ganz geordnet!
Nach Gymnastik, Schwimmen im Pool und Massage,
verschläft er glatt das Abendessen - welch Blamage!

Drum will er heut´ einmal Essen gehen.
In Ahlbeck hat er ein schönes Wirtshaus gesehen.
Los geht sie, die Wanderschaft,
braucht kein Bus oder Taxi, das wär doch gelacht!

Das Wandern ist doch ein voller Genuss,
da man ja nur geradeaus laufen muss.
Die gepflegte Promenade am Strand
reicht schnurstracks von Bansin bis ins polnische Land!

Auch der Heimweg ist unbeschwerlich.
Die Straßenlaternen erleuchten ihn herrlich.
Die See, die rauscht, der Wind säuselt in den Bäumen.
Dies hier ist doch ein Ort zum Träumen.

Ein Springbrunnen plätschert, die Seevögel krächzen.

Jogger und Radfahrer schwitzen und ächzen,
während sie auf der Promenade lang hetzen
und eisern ihren Weg fortsetzen.

Der Tag geht zur Neige,
in den Bäumen knirschen die Zweige.
Auf einen letzten Gang
schlendert Lukas auf der Seebrücke entlang.

Gunter, der den ganzen Tag fleißig war,
sucht sich am Abend noch eine Bar.
Er macht noch einen Einkauf in der Boutique,
dann geht er hin und schwingt die Hüften zur Musik.

Für Frau Hausstaub klingt der Tag ruhig aus.
Sie schaut Nicoll beim Spielen zu von der Bank aus.
Dann verlassen sie den Spielplatz schnell,
gehen zurück in ihr Hotel.

Am nächsten Morgen sind alle viere zeitig auf den Sohlen,
denn sie planten eine Tour nach Polen.
Den ersten Bus wollen sie nicht ziehen lassen,
um in Polen auch nichts zu verpassen.

Drum hat sich Frau Hausstaub ausnahmsweise
gleich am Morgen still und leise
aus dem warmen Bett erhoben
und dies und das in ihre Handtasche geschoben.

Nicoll
fand das diesmal nicht so toll.
Sie hätte lieber ausgeschlafen
und wäre später losgefahren.

Kein Problem für Gunter!
Der ist ohnehin schon lange munter.
Schon lange vor allen anderen Gästen
gibt er im Bus seine Seemannswitze zum Besten.

Lukas
macht das frühe Aufstehen auch Spaß.

Er freut sich auf Polen, freut sich auf die Schnäppchen
und zwischendurch auf das ein oder andere Häppchen.

So kommt es auch.
Auf dem Polenmarkt schlägt er ihn sich voll, seinen Bauch.
Schaschlik und Würstchen und polnische Bonbons.
Außerdem kauft er eine CD mit regionalen Songs.

Auch Nicoll und ihre Mutter langen ordentlich zu.
Ihre Taschen füllen sich im Nu.
Sie denken dennoch nicht daran zu verschnaufen,
sondern beschließen sich einfach neue zu kaufen.

Die Tour endet auf der Seepromenade.
Frau Hausstaub muss sich setzen, von der langen Tour
schmerzt ihr die Wade.
Nicoll tobt sich auf einem Spielplatz aus.
Sie fühlt sich hier schon wie zu Haus.

Wer verirrt sich auch hier her, nach der kilometerlangen Tour?
Der gute Lukas von der Ruhr!
Er lässt sich mit 'nem lauten Knallen
neben Frau Hausstaub auf die Sitzbank fallen.

Nach ein paar Minuten stille sein
fällt Lukas die erste Frage ein:
"Wohnen Sie hier in Swinemünde?"
Sie erwidert: "Nein, es hat schon seine Gründe,
dass ich lieber in Heringsdorf wohn'.
Die Stadt besuchen wir seit Jahren schon!

"Ich auch!", ruft Lukas nur.
"Ich bin in Heringsdorf zur Kur!"
Sie plaudern noch eine Weile,
denn Frau Hausstaub hat keine Eile.

Sie denkt an ihre müden Beine
und überlegt: "Eine Kur? Ich hatte noch keine!"
Ihre Hand auf ihrer Wade ruht.
"Aber ich glaub eine Kur tät auch mir mal gut!"

Prompt lädt Lukas sie ein:
"Kommen Sie doch morgen mal zu uns rein.
Sicher kann sie ein Arzt beraten.
Er schaut sie sich mal an, ihre schmerzenden Waden.

Frau Hausstaub bewundert diesen Mann.
Sie nimmt die Einladung gern an.
Nur eins bereitet ihr noch Sorgen.
"Wohin soll dann Nicoll den ganzen Morgen?"

Lukas kann sie beruhigen. Er lacht:
"Daran haben sie im Kurheim gedacht.
Es ist gleich ein Hotel am Kurheim dran,
das bietet auch Kinderbetreuung an."

Nicoll
findet die Spielegruppe toll.
Denn ihre neue Freundin Emile,
kennt eine Menge gute Spiele.

Frau Hausstaub
genießt nun doppelt ihren Urlaub.
Wenn sie mit Nicoll Ausflüge macht,
wird nun immer auch an Lukas gedacht.

Er kam mit zum Minigolf und in den Zoo.
Wenn man ihn fragt wo es lang geht, weiß er immer wo.
Ab und zu am Kurpavillon
tanzen sie zu einem ruhigen Song.

Meist ist er tief entspannt, sein Maß ist niemals voll.
Das liebt an ihm die kleine, freche Nicoll.
Das Buffet im Kurheim kann Lukas nun vergessen.
Er geht abends immer mit Nicoll und ihrer Mutter essen.

Auf dem Kassenbon
im Restaurant
steht ganz unten
eine Info für den Kunden:

"Es bediente Sie Gunter!"

Und bei den Öffnungszeiten hier ist der sicherlich noch lange

munter.

Von Weihnachtsmarkt zu Weihnachtsmarkt

Der November ist fast vergangen und die erste Kerze brennt!
In Städten und Dörfern sieht man auf den Plätzen
eine Menge Leute lang hetzen.
Denn begonnen hat nun der Advent!

Die Vorweihnachtszeit - welch ein Gefühl!
Die Weihnachtsmärkte machen auf!
Überall macht man den Schmuck auf die Bäume drauf.
In den Gärten und Häusern leuchtet so viel!

Besonders am Sonntag ist der Markt überlaufen.
Denn was soll man im Advent schon tun?
Will man sich nicht gerade in der warmen Stube ausruhn,
so zieht man dann los, etwas zu kaufen!

Der Weihnachtsmarkt, der Weihnachtsmarkt! Ihn besuchen so
viele Leute!
Ein Markt ist hier, ein anderer da und überall ist er
verschieden!
Doch wo auch immer man hinfahren mag, jeder hat etwas zu
bieten!
So pilgern wir von hier nach da und genießen die festliche
Freude.

Vieles gehört zum Weihnachtsmarkt!
Wollt ich alles nennen - die Liste wär lang.
Doch einiges ist überall zu erkennen, so fangen wir mit dem
Wichtigsten an!
Mit diesen und jenen Leckereien wird für das leibliche Wohl
gesorgt.

Pullover, Mützen, oft handgemacht,
auch Deko ist reichlich zu finden.
Hier und da gibt es Kerzen, die kann man zu Hause anzünden.
Und überall wird viel gelacht.

Wer auf keinem Fall fehlen kann:
Auf jedem Weihnachtsmarkt schaut er mal rein.
Wer ist es? Wer kann es denn sein?
Natürlich ist´s der Weihnachtsmann!

In Leipzig sitzt er auf dem Markt.
In einer Hütte auf einem Sessel drauf.
Komm doch ruhig mal zu ihm rauf!
Wo hat er nur seinen Schlitten geparkt?

Mit dem Riesenrad wollen wir noch fahren!
Es steht auf dem Augustusplatz.
Von hoch oben sieht man vielleicht die Rentiere und den Weih-
nachtsschatz!
Jedenfalls sieht man unten die Stände mit ihren vielen Waren.

In Berlin haben sich die Leute auf die Schlittschuhe
geschwungen.
Mit Schwung wird über das Eis gesaust.
Manche sind so schnell, dass es einem beim Zusehen graust!
So gleiten sie rund um den Neptunbrunnen.

Und hebt man mal seinen Blick in der Nacht.
Dann sieht man noch den Fernsehturm.
Er steht dort hinter den Buden, trotzt Kälte und Sturm!
Und da drüben ist ein Weihnachtsbaum, oh welche Pracht!

Im Erzgebirge, höre nur!
Holzkunst gibt es hier zu kaufen!
Die kleinen Weihrauchkerzchen rauchen!
Das gehört hier zur Kultur!

Das Räuchermännchen gehört noch dazu,
es gibt auch Pyramiden.
Doch überall will man den Schwibbogen anbieten,
denn der ist in der Region der Clou!

Einen Christstollen kann man an jeder Ecke kaufen.
Viele machen den hier nach eigenem Rezept.
Es dauert lange, bis der Ansturm an den Buden abebbt.

Bis in die Nacht sind die Märkte überlaufen.

Bald kehren wir heim mit reichlicher Beute, doch betrachten
nochmal den Weihnachtsbaum.
Auf fast jedem Märktchen findet man ein
Weihnachtsbäumchen – sei´s groß oder klein.
Es präsentiert uns Stärke und Freude - ein Weihnachtstraum!

In vielen Lieder wird geredet von Schnee!
Doch häufig haben wir Regen nur.
Viele ärgern sich deutlich, blicken zum Boden ganz stur.
Ich steh an einer Bude und trinke einen Tee.

Ich spanne meinen Schirm auf und schau in die Ferne.
Die Tropfen darauf klingen wie eine leise Melodie.
Die Stimmung verderben will ich mir nie.
Im Licht glitzern die Tropfen wie Sterne.

Der Weihnachtsmarkt, der Weihnachtsmarkt, mehr ist nicht zu
sagen.
Ich wünsche euch viel Glück und Freud an allen euren Tagen!

Oberhofer Wintermärchen

Bis bald, bis bald,
wir sehen uns im Thüringer Wald!

Wer den Thüringer Wald bereist,
der sucht meist Entspannung und Ruhe.
Im Winter ist er oft völlig vereist
und jederzeit braucht man bequeme Schuhe!

Denn was man hier am besten kann,
das ist nunmal das Wandern.
Man zieht von dannen dann und wann
von einem Ort zum andern.

Wie kann man das Wörtchen „bequem" beschreiben?
Jeder kann das für sich anders verstehen!
Die Schuhe sollten so sein, dass sie nicht reiben.
Ob sie wirklich bequem sind, wird man dann schon sehn!

Die Gesine hat sich im Schuhwerk geirrt.
Bisher dachte sie, sie kann mit den Stiefeln gut laufen.
Doch nun hinkt sie vorwärts, völlig verwirrt,
sieht schließlich ein: Sie muss sich andere kaufen.

So tappt sie plump durch Oberhof.
Nirgends findet sie einen offenen Laden.
Alle haben schon geschlossen, das findet sie wirklich doof.
Sie wankt zurück zum Hotel, um im Warmen zu baden.

Zum Abendspaziergang ist ihr die Lust vergangen
Zu Abend essen wird sie gleich im Hotel.
Doch zum Schlafen hat sie noch kein Verlangen.
Sie macht sich noch auf den Weg zum Schwimmbad schnell.

Der Weg ist nicht weit.
Das ist ihr Glück.
denn draußen schneit es nun
wie verrückt.

Gesine schwimmt Runde um Runde.
Sie ist entspannt nach dem langen Bade.
Sie geht zurück zum Hotel nach etwa einer Stunde
und gönnt sich noch etwas Schokolade.

Der nächste Tag bricht schon herein.
Vom Schuhe kaufen kam sie nun ab.
Die Frau, die möcht heut clever sein.
Ski zum Ausleihen gibt es hier nicht zu knapp.

Mit Ski am Fuß reibt man sich keine Blase.
So denkt die liebe Frau sich das.
Sie zieht sich den Schal bis unter die Nase.
Die Skischuhe an, dann werden die Zehen nicht nass.

Gesine schliddert durch den Wald.
Ihr Ziel rückt noch nicht näher.
Doch eines bemerkt sie bald:
Das Ski fahren ist schwer.

Ob ihre Entscheidung so clever war?
Schon auf gerader Strecke.
geht es nur sehr langsam vor.
Wie schwer wird es erst um die Ecke!

Doch nun nimmt das Schicksal seinen Lauf.
Was steht ihr nur bevor?
Es geht nun einen Berg hinauf.
Er ist flach, doch Gesine kommt er endlos vor.

Sie kommt nicht den Berg hinauf.
Bei jedem Schritt vor rutscht sie drei Meter zurück.
Schließlich gibt die Gesine es auf
und versucht doch wieder zu Fuß ihr Glück.

Doch nun muss sie sich plagen,
auf ihrem Weg durch den Wald.
Sie hat noch die langen Skier zu tragen.
Es wird langsam dunkel und ist sehr kalt!

Gesine will wieder nach Oberhof,

denn es ist schon spät.
Doch es ist nur allzu doof:
Sie kennt nicht mehr den Weg.

Es wäre besser sich zu orientieren.
Hätte sie daran nur früher gedacht!
Anstatt hier im Wald zu frieren
hätte sie lieber eine Landkarte mitgebracht!

Auch mit dem Handy ist es nicht schwer!
Damit könnte man den Weg auch suchen!
Nur leider ist der Akku leer.
Das ist wohl ein Grund zu fluchen!

Doch nein, nicht verzagen!
Das ist nur eine Phase!
Man muss sich hier nicht ewig plagen!
Bald erreichst du schon den nächsten Wegweiser oder die
Straße.

In diesem Momente merkst du bald,
dass du wieder im Bild bist!
Du bist schließlich im Thüringer Wald
und nicht in unerforschter Wildnis!

Wo sehen wir nun Gesine stehen?
Sie erreichte sogar ihr ursprüngliches Ziel!
Um die Sportstätten am Grenzadler zu sehen
war dieser Marsch wohl nicht zu viel!

Hier findet jedes Jahr das Biathlon statt.
Weiter hinten ist sogar eine Schanze.
Nur dass sich des nachts hier jeder verzogen hat.
Ziemlich unheimlich ist ihr das Ganze!

Denn wer möchte schon ganz allein
und noch des Nachts im Schnee,
so fern von seinem Bettchen sein?
Viel lieber wär ihr ein Tässchen Tee.

Doch es nutzt nichts, bleib nur heiter,

auch wenn es grad´ nicht am besten geht!
Dieses Motto ist stets ihr Begleiter,
denn man weiß, dass sich doch alles zum Besseren dreht!

Und tatsächlich hört und seht!
Welch Geschichte dort entsteht,
während Gesine entschlossenen Schrittes entlang der Straße
weiter geht!

Die Straße führt sie zur Stadt zurück,
doch der Weg ist weit.
Doch durch ein zufälliges Glück
wird sie aus ihrem Pech befreit.

Ein Auto hält am Wegesrand,
darin sitzt ein Mann.
Auf Gesine wirkt sein Gesicht bekannt.
Sie schaut ihn lange an.

Dann weiß sie es,
sie kennt ihn schon!
Woher den bloß?
- Vom Biathlon!

Lukas mit dem goldenen Ski!
Der ist der schnellste weit und breit!
Er öffnet die Tür, nun fragt er sie:
„Wohin des Weges? Bis nach Oberhof ist es noch weit!"

Noch glaubt die Gesine sie träumt,
erlebt sie doch ihren Star so nah.
Da hat er ihre Skier schon ins Auto geräumt.
Kaum besinnt sie sich, schon sind sie da.

Gesine ist nun wieder in ihrem Hotel.
Sie träumt die ganze Nacht.
Plötzlich ist es schon wieder hell,
also heißt es mal schnell auf den Weg gemacht.

Im Einkaufsladen kauft sie noch etwas zum Naschen,
dann läuft sie durch die Zellaer Straße.

Der Weg ist ja noch weit und voll sind ihre Taschen.
Da kommt ihr die Bücherstube unter die Nase.

„Hier kann ich eine Landkarte kaufen",
denkt sie clever so bei sich.
„Dann kann ich hier noch etwas verschnaufen
und den Weg, den finde ich."

Zu sehen gibt es hier wahrlich viel
- so viele schöne Bücher, groß und klein.
Der Laden hat einen ganz besonderen Stil.
Gesine kauft noch ein kleines Gedichtebüchlein.

Dann setzt sie ihre Wanderung fort.
Das Biathlon – Rennen geht bald los.
Lukas mit dem Gold-Ski wird sie sehen dort.
Das Rennen wird sicher famos.

So darf sie sich dieses Mal nicht verlaufen!
Die Frau marschiert zielsicher durch den Wald.
Clever war es, eine Karte zu kaufen!
Das Stadion am Grenzadler sieht sie bald.

Schon ist der Abend wieder da!
Wie schnell ist die Zeit verronnen.
Gesine macht sich auf den Rückweg, ja.
Und wer hat wieder gewonnen?

Ihr Lukas natürlich, er war so elegant!
Plötzlich hält ein Auto am Straßenrand!

Ihr werdet sicherlich schon wissen,
wer sie zu sich ins Auto bat.
Gesine steigt ein, setzt sich auf das Kissen.
Wie gut, dass sie einen Retter hat.

Denn wie soll man es sagen?
Die Schuhe sollten so sein, dass sie nicht reiben!
Und auch noch nach zwei ganzen Tagen:
So sind Gesines Stiefel nicht zu beschreiben.

Das Rennen ist ja nun vorbei!
Im Thüringer Wald gibt es noch so viel zu sehen!
Der Lukas, ja, der hat nun frei,
hat genug Zeit mit Gesine wandern zu gehen.

Am nächsten Tag, wer hat's gedacht?
Bekommt Gesine von ihm ein Geschenk.
Warme Wanderschuhe hat er ihr mitgebracht!
Woran der Mann doch alles denkt!

Nun aber los, keine Zeit verlieren bitte!
Es gibt noch so viel, ach,
da wär die Ausspanne und die Gelberger Hütte
und auch noch das Forsthaus Sattelbach!

Auch Zella-Mehlis und Suhl kann man mal besuchen,
doch eines muss unbedingt sein!
Ruht euch auch mal aus bei Kaffee und Kuchen
und macht unbedingt ein Foto am Rennsteigstein!

Das war´s von Gesine und Lukas,
sie wünschen euch weiter noch viel Spaß!
Also dann: Bis bald!
Wir sehen uns im Thüringer Wald!

Kamelreiten durch die Sahara bis zu den Pyramiden.

Alles voller Sand um die Stadt im Süden.

In der Innenstadt will man dir viel verkaufen!

Rucksack auf den Rücken, es tut gut etwas zu laufen.

Oh sieh die hohen Palmen, die Sonne macht uns zufrieden!

Am besten bedeckt man seine Schultern und Knie.

Man macht es so in dieser Kultur.

Für die Haut ist es auch gut, Sonnenbrand kriegt man nie!

Lass dich von der Sonne bescheinen, doch in Maßen nur!

Und schau die Malerkunst im Papyrusmuseum an!

Schön fasst dieses Papier sich an.

Schnell erfährst du auch, wie man es herstellen kann!

Nil, du langer Fluss in der Stadt!

Immerhin sorgst du dafür, dass das Land noch Wasser hat!

Leuchtende Boote fahren des nachts auf und ab!

Mit Kopftuch sieht man hier viele!

Immer mal wieder sind die Tücher auch bunt!

Tiere streunen auf der Straße – da mal eine Katze oder ein Hund!

Das Autofahren ist eine Kunst für sich.

Eine Fahrspur wird schnell zu zweien!

Mit Hupen macht man schnell aufmerksam auf sich.

Ein Ägypter schafft sich da geschickt einzureihen!

Ich nehme das Taxi, denn fahren mag ich hier nicht!

Gehe zur Rezeption und man organisiert meine Fahrt für mich!

Eeigentlich sind die Leute da sehr fürsorglich!

Nicht schlecht – in staubiger Ferne kommen die Pyramiden in Sicht!

Ein Touristenführer freut sich über Trinkgeld schon,

Nimm für ihn mit einen kleinen Lohn.

So kannst du durch die Pyramiden kriechen.

Tief atmen und den Duft der Wüste riechen.

Im Hotel und am Shoppingcenter wirst du kontrolliert wie am Flughafen!

Lustig, vielleicht auch nervig, aber du kannst jedenfalls gut schlafen.

! Vergiss nicht, Afrikas Sonne ist stärker als daheim!

! Deine Füße werden häufig mit Sand bedeckt sein!

! Und ist das alles hier dir auch fremd,

<u>!</u> es ist eben ein anderer Kontinent!

Neapel sehen und baden gehen

Neapel ist eine Stadt am Meer
und das schätzen viele sehr.
Einerseits durch den Schiffsverkehr,
aber auch noch wegen vielem mehr!

Auch weil Neapel in Italien liegt
und es dort meistens schönes Essen gibt.
- Zum Beispiel in der Pizzeria bei Giuseppe
doch in seiner Kasse herrscht immer Ebbe.

Warum denn nur, dass fragt er sich!
Das ist doch ziemlich wunderlich!
Der Platz seines Lokales muss es sein!
Die Touristen kehren schon vorn an der Hauptstraße ein.

Für heute will er fertig sein,
schließt die Tür ab und kehrt heim.
Guiseppe wohnt im Viertel Spagnoli.
Da kocht er sich jetzt ein paar Ravioli!

Susanne sagt: „Ich bin in den Ferien hier!
Denn in Italien bin ich wenigstens sicher, dass ich nicht frier."
Das ist wahr, das Wetter ist grandios.
Sie möchte gerne baden, doch was ist los?

In Neapel findet sie nur den Hafen,
aber keinen Strand zum Baden!
Trotzdem will sie nicht verzagen,
sondern stattdessen den Aufstieg auf den Vesuv mal wagen!

Der Vesuv am Rande Neapels, das ist ein Vulkan!
Doch keine Sorge, du kannst trotzdem entspannt dahin fahrn,
Der Vulkan ist zwar noch aktiv,
aber im Moment da schläft er tief.

Forscher passen ganz genau auf,
denn vielleicht spuckt er ja doch mal wieder Rauch!
Und weil der Vesuv ja mal aufwachen kann,

gibt es natürlich immer einen Rettungsplan!

Auch auf die Insel Capri fährt manch einer!
Und dort auf der Insel wohnt auch Rainer.
Rainer ist ein erfolgreicher Designer!

Auf Capri kann man die edlen Geschäfte kaum übersehen,
an jeder Ecke muss man an ihnen vorüber gehen.
Es gibt Kleidung, Schuhe, Uhren mit glitzernden Steinen,
Aber auch die kleinen Souvenirs begeistern manch einen!

Wie man sofort sehen muss:
Alles strahlt hier von Reichtum und Überfluss!
Rainers Mode gefällt vielen Leuten,
drum will er vom Erfolg auch nichts vergeuden.

In seinem Laden verkauft er schon viel,
doch er ist sicher, sehr viele Menschen lieben seinen Stil.
Darum schickt Rainer Ketty los,
das Mädchen ist im Verkaufen ganz groß.

Mit dem Schiff fährt sie aufs Festland,
einen Katalog mit Rainers Waren in der Hand.
Dort will sie in einen der oberen Stadtteile fahren
und sie in den Läden dort anbieten, die feinen Waren.

Mit der „Funicolare" kommt man am schnellsten oben an.
Das ist eine Standseilbahn
mit der man auch das Schloss Sant Elmo erreichen kann.

Susanne bestieg den Vesuv währenddessen
und sucht sich nun etwas zu Essen.
Ihre Füße sind ganz grau von Sand und Asche
Susanne angelt ein Taschentuch aus ihrer Tasche.

Ihr Nagellack ist durch den Dreck kaum noch zu sehen,
doch kann man dies bei einem Vulkanbesuch nicht umgehen!
Sie bestellt sich einen Happen zu essen,
dann hat sie schon lange genug gesessen.

Denn in Neapels Vororten hier am Rand,

gibt es auch einen großen Strand.
Doch erwarte keinen weißen Sand!

Der Vesuv brach vor langer Zeit einmal aus
und spuckte ziemlich viel Asche heraus.
So färbte die Asche dann den Sand
und daraus ward ein grauer Strand!

Nun will sie zurück zu ihrem Hotel,
geht durch das Viertel Spagnoli, denn dieser Weg ist schnell!
Die kleinen engen Gassen,
wirken am Abend eher verlassen.

Doch mitten im Viertel Spagnoli
duftet es plötzlich so köstlich nach Ravioli!
Susanne schnuppert in die Luft,
ihre Nase folgt dem Duft.

Schließlich hat sie das Haus gefunden.
Gedauert hats nur wenige Sekunden.
Die Häuser hier, die sind recht klein,
so schaut sie durchs Fenster gleich ins Wohnzimmer hinein!

Da sieht sie auf dem Stuhl in der Ecke,
den lieben guten Koch Giuseppe!
Ihr Magen knurrt und er schaut sie an.
Er sagt: „Ciao, meine Dame, kommen Sie doch ran!"

Welch Glück, dass Susanne italienisch versteht -
ein Grund dafür, dass etwas Magie entsteht!
Denn Susanne kommt zu dem Manne rein,
so muss er nun heut' nicht mehr einsam sein.

Giuseppe gibt sich sehr charmant,
schnell haben die beiden sich kennengelernt!
Und im Nu,
sagen sie nicht mehr „Sie" sondern „Du".

Die beiden essen Ravioli mit Tomaten
nun möchte Susanne den Mann auch gern mal einladen.
„Morgen werd ich mich für Capri entscheiden,

Guiseppe, möchtest du mich vielleicht begleiten?"

Giuseppe kann nur ja dazu sagen,
denn sein Restaurant hat geschlossen an Montagen!
So hat er morgen frei,
also treffen sie sich wieder, die zwei!

Die Fahrt mit dem Schiff, fällt nicht jedem leicht.
Giuseppe verlässt das Schiff kreidebleich.
Schleunigst setzt er sich auf eine Bank.
Susanne muss kichern, denn sie wird niemals seekrank.

Doch bald sind sie zum Shoppen bereit
und Susanne entdeckt ein schönes Kleid.
Soeben probiert sie es im Laden an,
da kommt zur Tür herein ein lächelnder Mann.

So ein breites Lächeln hat keiner,
außer Rainer, der Designer!

Er steuert direkt auf Guiseppe zu
und begrüßt den Italiener im Nu.
„Du bist doch der Koch Giuseppe", sagt er.
„Deine Kochkunst zu toppen fällt schwer!
„Zu meiner Hochzeit war ich bei dir im Lokal,
so etwas Leckers gibt es nicht nochmal!"

„Das war wohl vor vielen Jahren", entgegnet Giuseppe.
„Heute habe ich in der Kasse nur noch Ebbe!"
Da hat der Rainer einen Plan,
er sagt: „Meine Silberhochzeit steht an!
Die Feier wird recht groß
und mit deiner Kochkunst wird sie famos!"

Die Feier zeigt das Lokal von der besten Seite
und rettet Giuseppe vor der Pleite.
Und damit es so bleibt hat Rainer Ketty mitgebracht,
die für das Restaurant nun Werbung macht!

Susanne beschäftigt sich auch mit Design,
deshalb steigt sie in Rainers Geschäft mit ein.

Das bringt nicht nur einen Vorteil für beide.
Es hat noch eine weitere gute Seite.
Rainers und Susannes Mode wird in ganz Europa auf Moden-
schau gehen
und Susanne kann oft ihren Giuseppe sehen.
Vielleicht werden sie gar bald vorm Traualtar stehen!

Der Reisebus

Ich fahre mit im Reisebus,
denn dies zu erleben ist ein Muss!

Es ist nicht mehr lange hin!
Ich werde noch ein bisschen lesen
und das ist´s dann schon gewesen,
weil ich bald am Ziel schon bin.

Ich werde diese Fahrt genießen!
Wir fahrn gemäßigt, nicht geschwind,
weil Busse eher gemütlich sind!
Den Fahrer hörte ich schon dreimal niesen.

Der Fahrer, der heißt Klaus.
Er kennt sich aus auf den Straßen
und der Reiseleiter bemüht sich uns zu bespaßen,
deshalb holt er CDs mit den schönsten Liedern heraus.

Doch in unserem Bus sitzen viele Menschen – jung und alt
und ich höre hier und da schon Beschwerden,
darunter einige Äußerungen, die den Gesang deutlich
abwerten.
Unübersehbar ist der Menschen Vielfalt!

Die junge Frau von gegenüber setzt sich Kopfhörer auf.
Zu mir dringt von ihrer Musik zwar nicht viel,
doch deutlich höre ich: Sie hat einen ganz anderen Stil.
Unser Bus fährt nun schon auf die Autobahn drauf.

Hinten am Ende vom Bus
sitzt offenbar ein Liebespaar.
Sieht man nur einmal hin ist das schon klar,
denn er gibt ihr ab und zu einen Kuss.

Vor mir sitzt die Frau, die immer ihre Medizin nehmen muss.
Sie sucht die Tablette in ihrer Tasche,
dann verlangt sie lautstark nach einer Flasche.
Die Stimme hallt durch den ganzen Bus.

Der Reiseleiter hat für alle ein offenes Ohr.
Sofort macht er sich auf die Sohlen,
um für die Dame etwas Wasser zu holen.
Da liegt er plötzlich der Länge nach im Korridor!

Warum? Plötzlich bremsen musste der Klaus!
Das kann auf der Autobahn schon mal passieren.
Da muss man des Öfteren geschickt manövrieren.
Da ist es mit der ernsten Stimmung sofort aus.

Nun lacht der ganze Bus!
Einer fängt an
und das Lachen das steckt an!
Das zu erleben ist ein Muss!

Eine neue Schwierigkeit hat angefangen!
Wir halten auf dem Parkplatz an
und alle marschieren zur Toilette dann.
Vor den Toiletten stehen lange Schlangen.

So vergeht die Pause überraschend schnell
und wir fahren munter weiter.
Die Stimmung im Bus ist heiter.
Es berichtet unser Reiseleiter
von unserem wundervollen Hotel.

Ich habe ein Kartenspiel mit, das war schlau.
Nun lerne ich meinen Sitznachbar kennen.
Wir verabreden uns zusammen durch unseren Zielort zu
rennen
und spielen für den Rest der Fahrt Mau - Mau.

Schon sind wir da, wir steigen aus.
Alle wollen als erster hinaus.
Aber ich halte mich zurück,
mein Sitznachbar macht das auch zum Glück.

Im Bus konnten wir lange genug verschnaufen,
nun wollen wir alle etwas laufen.

Nunja, alle vielleicht nicht.
Manche Leute entspannen wohl lieber
und gehen zur nächsten Bank hinüber.
Die Sonne taucht alles in goldenes Licht!

Wir Busreisende sind doch alle verschieden
und unser Fahrer Klaus
ruht sich nach den Strapazen erst mal aus.
Doch unsere Reise hat für alle etwas zu bieten!

Das war wirklich ein Muss!
Ich bin zufrieden!

Unser Fahrer muss nun nicht mehr niesen.
Zum Reiseleiter sagt er nun, der Klaus:
„Nun mache ich erstmal die Klimaanlage aus"!
Er kann nun mit uns die Wärme der Sonne genießen.

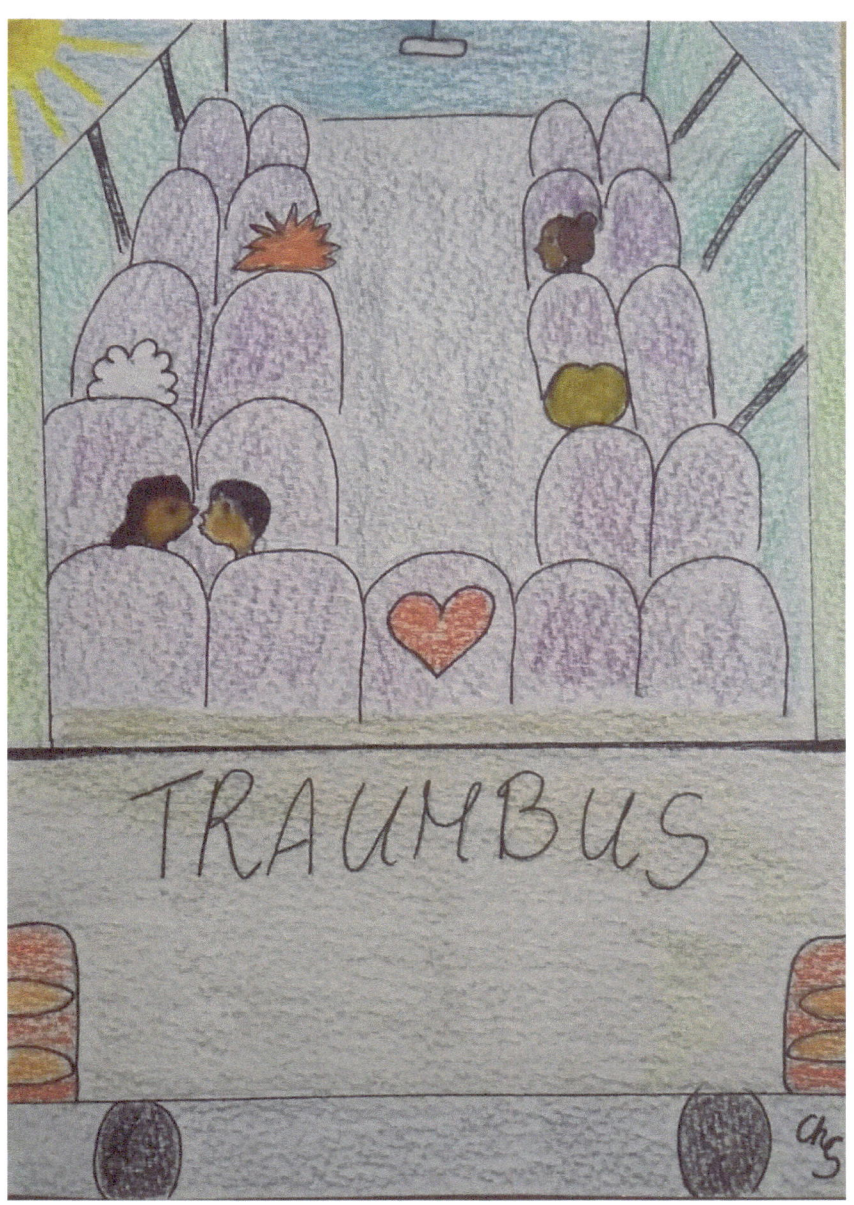

Ein Dankgedicht aus meiner Sicht

Mein erster Gedichtband ist nun da
und ich rufe laut „Hurra"!
Wer kann sich denken, wie ich mich freue?
Jeden, jeden Tag aufs Neue!

Das Schreiben liegt mir sehr am Herzen,
mit allen kleinen Gedichten und Scherzen.
Da kann ich durch eine Fantasiewelt gehen
und mit den Augen all meiner Figuren sehen!

Ich hoffe, Sie sind mit dem Resultat zufrieden,
denn vor allem Ihnen möchte ich etwas bieten!
Was wäre es für ein trauriges Buch gewesen,
hätte die lustigen Geschichten nie jemand gelesen!

Für mich machen die Geschichten den Alltag bunt
und ein bisschen Lachen ist doch wirklich gesund!
Ich hoffe, ich konnte es amüsant genug machen
und Sie konnten über die Erzählungen etwas lachen!

Für mich steckt in jeder Kunst Potential
da gibt es kein „richtig" und kein „falsch" und kein „ideal".
Doch lustige Reiseerfahrungen muss man erstmal machen!
Sonst würden sie mir nicht einfallen, diese spaßigen Sachen!

Ich danke meiner Familie, denn mit der
fällt mir das Schreiben gar nicht schwer!
Sie sind mit mir schon so viel gereist im Leben,
haben mir all diese Erfahrungen gegeben!

Dazu kommt noch, dass man in Flugzeug, Bahn oder
Reisebus
ganz verschiedene Leute kennenlernen muss!
Deshalb muss ich nun nicht sehr lange nachsinnen,
um so manche Figur zurecht zu spinnen!

Doch eines muss ich noch zugeben:
Auf Gedichte gekommen wäre ich nie im Leben!

Dazu wäre ich wohl nie gekommen,
hätten wir das Thema nicht so oft durchgenommen.

In der Schule meine ich, da haben wir Lyrik studiert
und unverzagt im Unterricht Gedichte interpretiert.
An der Berufsschule war das zuletzt der Fall,
ja, Gedichte gibt's doch überall!

Gedichte triffst man immer wieder,
sei es ein kleiner Reim oder lange Lieder.
Schließlich dann bei Frau K. im Unterricht,
blieb es beim Interpretieren nicht.

Wir sollten uns kreativer zeigen,
etwas vortragen, singen oder selbst schreiben.
Da habe ich zwar doch nicht die Feder geschwungen,
sondern stattdessen etwas gesungen.

Doch dann sagte ich mir, ja, im Erzählgedicht,
da findet sich doch so manch lustiger Wicht!
Nun habe ich doch Gedichte geschrieben, ja!
Also Dankeschön auch an Sie, Frau K.!

Wem danke ich noch? – Allen Freunden und Bekannten im
Grunde,
denn nur durch euch machen meine Bücher die Runde.
In **jedem** schönen Moment wird man inspiriert,
dadurch wird gute Laune garantiert!

Ich danke allen von Herzen, die das lesen!!!!
Das ist's von mir dann erstmal gewesen.
Bitte bewahren Sie sich Ihre Fantasie!
Das Träumen aufgeben werde ich jedenfalls nie!

FSC
www.fsc.org

MIX

Papier | Fördert
gute Waldnutzung

FSC® C083411

Zeitfracht Medien GmbH
Ferdinand-Jühlke-Straße 7
99095 Erfurt, Deutschland
produktsicherheit@kolibri360.de